사랑은
언제나

국립중앙도서관 출판시도서목록(CIP)

사랑은 언제나 / 지은이: 임창연. -- 창원 :

창연출판사, 2014 p. ; cm

ISBN 979-11-950775-2-6 03230 : ₩10,000

묵상집[默想集]

234.2-KDC5

242.5-DDC21   CIP2014004064

사랑은 언제나

초판인쇄 2014년 2월 25일

초판발행 2014년 2월 28일

지은이 ｜ 임창연

펴낸이 ｜ 이소정

펴낸곳 ｜ 창연출판사

주소 ｜ 경남 창원시 의창구 의안로70번길 21

출판등록 ｜ 2013년 11월 26일 제 2013-000029 호

전화 ｜ (055) 296-2030

팩스 ｜ (055) 246-2030

E-mail ｜ 7calltaxi@hanmail.net

값 10,000원

ISBN 979-11-950775-2-6 03230

ⓒ 임창연, 2014

* 저자와 협의하여 인지를 생략합니다.

* 이 책의 판권은 저자와 창연에 있습니다. 양측의 서면 동의 없이
무단 전재나 복제를 금합니다.

* 잘못된 책은 바꾸어 드립니다.

사랑은 언제나

임창연 사진묵상집

하나님의 일은 하나님이 하신다

CTS기독교TV의 웹사이트를 통해 국내외 125만 크리스천 회원님을
대상으로 "새벽종소리" Q.T서비스를 제공 중입니다.
2009년 새벽종소리 Q.T서비스의 업그레이드를 위해 사진Q.T
장르를 추가하기로 하고 전국에서 작가 모집을 진행하였습니다.

당시 임창연 작가의 묵상사진을 처음 접한 저를 포함한 심사자들은
하나같이 임작가의 우리 일상과도 같은 주변의 순간들을 사진으로 담은
사진들에 최고점수가 매겨졌던 것을 기억합니다.

전문 사진작가 분들도 많이 참여하셨고, 경쟁이 상당했던 사진필진 모집에
서 독보적인 선정이 되었던 것은 우리 크리스천들의 매일같이 "쉬지말고
기도하라"(살전 5:17)는 그 마음과 같이 그 사진들
속에 매일의 묵상이 너무나도 당연한 듯이 "기도"의 메시지들로
담겨져 있었다는 것입니다.

너무나 신비로운 경험이었습니다.
그 귀한 사진과 묵상 글들이 또 하나의 책으로 엮어진다니, 너무
너무 반갑고 또 다른 매체를 통해 귀한 메시지로 많은 성도님께
전달될 수 있다고 생각하니 감사한 마음이 들었습니다.

"하나님의 일은 하나님이 하신다"고 고백하시는
임창연 작가의 귀한 묵상집을 통해,
더 많은 성도님들의 신앙고백 메시지로 이어질 것을 기도드리며
기쁘고 감사한 마음으로 본 도서를 추천 드립니다.

김성목 팀장 / (주)지로드코리아 CTS Group 솔루션사업1팀 / 디자인팀

시원한 생수와 같은 책

사진은 원래 '입'이 없다.
원래 겸손히 귀기울이는 사람들에게만 마음으로 말한다.
우리가 마음으로 읽고 들을 줄 모른다면
역시 마음으로 말하는 것도 불가능하리라.
그래서 묵상이 필요하다.

이름이 없던 사물에 이름을 붙이고 의미가 없던 대상에게 의미를 안겨주는
사진 구름 한 조각,
발에 채이는 돌멩이 하나,
시인의 마음이 깃들면 생명이 생긴다.
시인은 자기의 영혼으로 노래하므로 그 가락이 어루만진 곳에서
무지의 깨어남이 있다.

지친 영혼들에게 한 잔의 시원한 생수와 같은 책,
자기를 돌아볼 겨를도 없이 쫓겨온 사람들에게
임창연 시인의 묵상집이 위로가 되었으면 좋겠다.
싱싱한 산소였으면 좋겠다.

장일암 / 사진작가

영혼의 창

우리는 모두가 길을 걷는 나그네와 같습니다. 삶의 긴 여정을 지나오는 동안 만났던 무수한 이야기들과 사건들과 향기와 손짓에 때론 기쁘게 응하기도 하고, 애써 외면하기도 했으며 무심코 지나쳐버린 보물들로 인하여 안타까워하기도 합니다.

임창연 작가는 그러한 것들을 작은 렌즈에 포착시켜 한 발짝 걸음을 멈추게 하고선 그 사진 속 풍경들과 이야기들이 창조자의 세계를 노래하는 것들을 우리로 하여금 들을 수 있게 해 주었습니다.

영혼을 사랑하지 않는 자가 영혼의 가장 진실된 어떠한 가치를 발견하기 어렵듯이 그가 하는 사랑은 영혼의 창 안팎에 계신 하나님을 참으로 닮았습니다.

무심코 지나치거나, 버려진 듯한 사물의 어떠한 것을 영혼의 창으로 들여다보고 아름다운 시상을 덧입혀주니 그의 문장 안에는 우리가 한 번씩 걸음을 멈추고 나와 만나게 되는 작은 시간에 용기를 주었고, 다시 걸을 때 온몸을 휘감는 향기와 들풀의 노랫소리에 경쾌한 발걸음의 리듬을 타게 합니다.

서둘러 읽혀지는 무수한 정보의 홍수 앞에 느리고 천천히 걸어가는 나그네의 콧노래를 임창연 작가의 글과
사진 속에서 듣게 되기를 축복합니다.

이화선 / 한글세계화협회장, 캘리그라피 작가

차례

하나님의 일은 하나님이 하신다 / 김성목
시원한 생수와 같은 책 / 장일암
영혼의 창 / 이화선

구원은 행운이 아닙니다 … 13
사랑하는 마음 … 15
네 부모를 공경하라 … 16
채우소서 … 19
바다같은 하나님 … 20
대속의 은혜 … 22
최고의 선물 … 25
바람개비 … 26
믿음은 하나지만 각자의 은사는 다르다 … 29
세상의 연주자이신 하나님 … 30
그리스도인의 참맛 … 33
생명의 양식 … 34
정결한 통로가 되십시오 … 36
십자가의 사랑 … 39

마음을 열고 ... 40
빛이신 예수님 ... 43
성령의 흔적 ... 44
소명 ... 47
자유 의지 ... 48
성령에 잠김 ... 51
옆을 보아야 할 때 ... 52
신뢰함 ... 55
빠져나와야 할 때 ... 56
보이지 않는 믿음 ... 59
섬김 ... 60
말씀은 비상구 ... 62
말씀 위에 걷다 ... 64
늘 함께였습니다 ... 67
인내 하십시오 ... 68

영혼의 사다리 … 70
성령은 바람입니다 … 73
겸손 … 74
영혼의 점자 …75
간석지 … 77
문 밖에서 기다림 … 79
매일의 발걸음 … 81
기다림과 다듬어짐 … 82
충성 … 83
인생의 지도를 수정하라 … 85
진정한 휴식 … 86
영의 눈 … 87
나의 손을 잡아주심 … 89
세월을 아낍시다 … 91
가장 소중한 희생 … 95

아는 것과 행하는 것 … 96
나는 죽고 주님이 사는 삶 … 97
그리스도인의 열매 … 98
지휘자이신 하나님 … 99
변치 않으시는 사랑 … 100
예수를 품으십시오 … 102
세상과의 분리 … 104
진정한 빛 … 106
길 … 107
나보다 남을 낮게 여김 … 108
주님만 바라보면 … 110
흔적 … 113
그리스도인의 빛깔 … 114
일방통행 … 117

에필로그 … 118

구원은 행운이 아닙니다

구원은 네 잎 클로버처럼 행운이 아닙니다.

구원은 값없이 받았지만
예수그리스도의 십자가의 희생과 보혈로
주어진 참으로 값진 은혜입니다.

구원은 돌연변이처럼 우연히 찾아 온 행운이
아닌 우리에게 꼭 필요한 은혜입니다.

사랑하는 마음

누군가를 사랑한다는 것은
함께하고 싶다는 말입니다.
아름다운 풍경 앞에 서면
사랑하는 사람이 생각납니다.

아름다운 곳에서 주님을 떠 올리는 것은
참으로 당연한 일입니다.

가장 아름다운 사랑은 주님과의 사랑입니다.
그 사랑은 이 세상에서 천국까지 이어지는
영원한 사랑입니다.

'사랑하지 아니하는 자는 하나님을 알지 못하나니
이는 하나님은 사랑이심이라' (요한일서 4:8)

네 부모를 공경하라

'네 부모를 공경하라 그리하면 네 하나님 여호와가
네게 준 땅에서 네 생명이 길리라'
(출애굽기 20:12)

십계명 중에서 인간이 삶에서 지켜야 할 다른 계명들은
하지말라로 금지함으로 끝나는데
유일하게 하라는 명령으로 끝내는 말씀입니다.
바로 순종하라는 말씀이십니다.

장수를 하게 하는 이유는 그래야 부모님을 모실 수 있기 때문입니다.
보이는 부모도 제대로 사랑하지 않으면서 보이지 않는 하나님을
어떻게 사랑할 수 있겠습니까. 우리는 보이는 부모님을 통해
살아 계신 하나님을 진정으로 사랑하는 법을 배우게 됩니다.

하나님 앞에 엎드릴 때 사랑이신 하나님을 통해서
사랑의 실제를 배우게 될 것입니다.
가장 큰 사랑의 증거는 구원의 유일한 통로가
되시기 위해 하나님께 순종하신 예수님이십니다.

채우소서

사슴이 시냇물을 찾기에 갈급함처럼
궁핍한 마음에 주의 말씀은
벌이 꿀을 찾고 또 찾음같이 간절합니다.
주의 말씀은 진실로 송이꿀 보다 달았습니다.
일용할 양식보다 주의 말씀을 날마다
생명의 양식으로 채웁니다.

'여호와께서 자기를 경외하는 자에게 양식을
주시며 그 언약을 영원히 기억하시리로다'
(시편 111:5)

바다같은 하나님

세상의 모든 것은 바다같은 하나님께 향합니다.
아무리 강물이 많이 흘러도
바다 같은 주님은 다 품으십니다.
우리의 근심도 우리의 영혼도
결국에 이르는 곳은 하나님 앞입니다.

'모든 강물은 다 바다로 흐르되
바다를 채우지 못하며 강물은 어느 곳으로 흐르든지
그리로 연하여 흐르느니라' (전도서 1:7)

대속의 은혜

예수님이 십자가를 지심으로
사탄에게 빼앗겼던 영혼은 자유함을 얻었습니다.
세상의 염려와 근심은 스스로 쇠사슬로
영혼을 묶는 일입니다.

하나님이 우리에게 주시는 마음은
평안과 기쁨입니다.
항상 기뻐하십시오. 그리고 감사하십시오.

최고의 선물

그리스도인은 구별된 자요
왕같은 제사장입니다.

세상 사람들도 최고의 선물은
사람이라고 말합니다.
부모에게 가장 귀한 건 자녀입니다.
나 자신에게도 가장 귀한 건 나 자신입니다.

하나님에게도 가장 소중한 건
우리 자신의 삶입니다.
정결하게 구별되게 살아가는 것을
하나님은 기뻐하십니다.

'너는 그를 거룩히 여기라 그는 네 하나님의
음식을 드림이니라 너는 그를 거룩히 여기라
너희를 거룩하게 하는 나 여호와는 거룩함이니라'
(레위기 21:8)

바람개비

바람개비는 바람에 돌아가지 않아도
그 이름은 변하지 않습니다.
하지만 바람에 돌아갈 때 바람개비의 진정한
의미를 가질 수 있습니다.

그리스도인은 세상에 섞여 있으면
그 이름은 있지만 잘 알 수가 없습니다.
바람개비가 바람에 의해 돌아가면 잘 알 수가
있듯이 그리스도인은 말씀에 순종하며
살아갈 때, 그 열매를 맺고 진정한 가치를
볼 수가 있습니다.

바람에 순전하게 돌아가는 바람개비처럼,
주님의 바람에 늘 돌아가는 바람개비의
그리스도인이 되어야 겠습니다.

'이와 같이 행함이 없는 믿음은 그 자체가
죽은 것이라' (야고보서 2:17)

믿음은 하나지만 은사는 다릅니다

눈에 보이는 빛깔은 다르지만
적절한 곳에 사용되어져야
조화를 이룰 수 있습니다.
홀로 쓰여질 때도 있지만 합쳐져서
더 오묘한 빛깔을 나타내기도 합니다.

하나님의 사람도 그러합니다.
홀로 감당할 소명도 있지만
때로는 합력하여 선을 이루기도 하는 것입니다.

'우리가 알거니와 하나님을 사랑하는 자 곧 그의
뜻대로 부르심을 입은 자들에게는 모든 것이
합력하여 선을 이루느니라' (로마서 8:28)

세상의 연주자이신 하나님

아무리 명품의 피아노라도
제대로 연주하는 사람이 없다면
아름다운 곡이 들려지지 않을 것입니다.

아무리 훌륭한 연주자라도 고장난 피아노로는
멋진 연주를 할 수 없는 것입니다.

건반에 손가락이 닿아서 소리가 나기까지도
팽팽한 피아노 줄을 나무 해머가 두드려야 하고
한 음 한 음은 의미가 없지만 화음이 될 때 아름다운 연주가 됩니다.

세상의 연주자이신 하나님께 모든 그리스도인은
한 명 한 명 다 소중한 사람들입니다.

그리스도인의 참맛

염전과 창고에 아무리 많은 소금이 쌓여 있어도
실제로 사용되지 않으면
소금의 가치는 없습니다.

그리스도인도 세상속에서 소금처럼
적절한 곳에 뿌려지고 녹아질 때
예수님을 드러낼 수가 있습니다.

바닷물에서 햇빛과 많은 시간속에
소금의 하얀 결정이 드러나듯이
그리스도인도 인내와 겸손으로
말씀과 기도에 전념할 때
예수님의 참 맛을 드러내는 사람이 됩니다.

'싱거운 것이 소금없이 먹히겠느냐
닭의 알 흰자위가 맛이 있겠느냐' (욥기 6:6)

생명의 양식

육체를 위해 매일 먹어야 건강해집니다.
영혼의 건강을 위해서도
주님의 말씀이 필요합니다.
순전한 마음으로 갈급한 마음으로 나아가십시오.

영혼이 죽으면
결국 육체도 살았으나 죽은 것입니다.
생명의 양식인 말씀을 사슴이 시냇물을 찾아
헤매듯 날마다 갈급하게 찾으십시오.

정결한 통로가 되십시오

하나님은 있는 모습 그대로
나아오기를 원하십니다.
그러나 그 모습 그대로는
온전한 쓰임을 받지 못합니다.
예수님을 믿음으로 구원을 받지만
회개함을 통하여 온전히 나아가야 합니다.

성령님이 늘 함께 하시려면
온전하고 정결한 통로가 되어야 합니다.
우리의 몸은 성전이니 깨끗해야 합니다.
그리스도의 신부는 정결함으로 나아가야 합니다.

'너희 몸은 너희가 하나님께로 부터 받은 바
너희 가운데 계신 성령의 전 인줄을 알지 못하느냐
너희는 너희 자신의 것이 아니라'
(고린도전서 6:19)

십자가의 사랑

십자가는 구원의 약속이다.
죄로 죽어야하는 우리를 예수님이 대신 지심으로
주어진 대속이다.

값없이 모두에게 주어졌지만 동시에 값으로
매길 수 없는 사랑의 빚을 졌다는 말이기도 하다.

그 사랑의 빚을 감당하기 위해서는 믿지 않는 사람들이
누리는 안락을 우리는 가질 수 없다.
가끔은 너무 힘들지만 그것은 사랑을 받은 자의
특권이라 생각해야 한다.

천국에서 하나님은 우리에게 물을 것이다.

'너가 세상에서 사랑을 배웠느냐고'

사랑은 언제나

마음을 열고

많은 사람들이 은혜를 바라고 기다리지만
정작 마음을 열고 있지는 않습니다.
믿음으로 기다리지 않는다는 것입니다.

마치 장독이 뚜껑을 닫은 채
비를 기다리는 것과 같습니다.
마음이 열릴 때 은혜의 단비로 채울 수 있습니다.

나의 것을 완전히 비우고,
마음을 열고 온전히 그분을 기다리십시오.

하나님은 이미 준비하시고 기다리시며
우리의 각자의 필요를 채우시길 원하십니다.

'주는 계신 곳 하늘에서 들으시며 사유하시되
각 사람의 마음을 아시오니 그 모든 행위대로
갚으시옵소서 주만 홀로 인생의 마음을 아심이니이다.'
(역대하 6 : 30)

빛이신 예수님

세상은 어둡지만 빛이신 예수님만 바라봅니다.

세상의 물질도 명예도 영원하지 못합니다.
세상의 모든 것은 썩어 없어집니다.

인간의 연수가 아무리 길어도 순간입니다.
살아있는 동안 아무리 좋은 것을 누려도
그것은 순간 일 뿐입니다.

영원한 구원이시고 소망이고 사랑이신
예수님만 바라봅니다.

'어두운데에 빛이 비치라 말씀하셨던 그 하나님께서
예수 그리스도의 얼굴에 있는 하나님의
영광을 아는 빛을 우리 마음에 비추셨느니라'
(고린도후서 4:6)

사랑은 언제나

성령의 흔적

바람이 지나간 자리에 바람은 없지만
그 흔적이 남습니다.

성령도 바람처럼 보이지 않지만
그리스도인의 삶에 흔적을 남깁니다.

'오직 성령의 열매는 사랑과 희락과 화평과
오래 참음과 자비와 양선과 충성과 온유와 절제니
이 같은 것을 금지할 법이 없느니라'
(갈라디아서 5:22-23)

소명

자신의 부르심을 알지 못하고
열심만 가지고 일을 한다면
실상은 하나님과 상관없이
웅성거리는 군중들과 같습니다.

부르신 소명은 다르지만
각자가 제 자리를 찾을 때
하나님의 일이 됩니다.

내가 앞서지 않고
나는 하나님의 작은 통로가 되는 것,
그리하여 하나님의 마음만 전하는 것이
온전한 나의 소명입니다.

자유 의지

하나님은 인간을 창조하실 때
자유 의지를 주셨습니다.

가끔 어떤 사람들은 하나님이
인간을 비행기에 태워서
목적지까지 무사히
데려다 주시기만 하시는 줄 압니다.
오히려 자전거처럼 자유 의지를 주셨습니다.
스스로 선택할 수 있는 자유를 주신 것입니다.

다만 우리가 무엇을 해야할 지 모를 때,
성령님을 통하여 멈추고 서야할 때를
알려 주십니다.

자유 의지는 불편한 것이 아니라
우리를 존중하시는 하나님의 마음입니다.

성령에 잠김

나무는 물이 공급되어야 싱싱하게 살아갑니다.

그리스도인은 성령의 물을 늘 마심으로
건강하게 살아갑니다.
생수의 근원이신 예수님을 바라보며
성령의 강물에 잠기십시오.
나의 자아가 온전히 강물에 잠겨 죽음으로
새로움으로 거듭난 그리스도인이 됩니다.

성령을 바라고 성령의 인도함으로 살아가십시요.

'나를 믿는 자는 성경에 이름과 같이
그 배에서 생수의 강이 흘러나오리라 하시니'
(요한복음 7:38)

옆을 보아야 할 때

믿음의 경주를 잘하기 위해서는
주님만 바라보고 달려야 합니다.
하지만 이 세상에서는 혼자만
달려갈 수는 없습니다.
동역자들도 있고 구원의 대상들도 있습니다.
마치 운전을 하면서 앞만 보고 가면
옆의 차와 부딪히기도 합니다.
때로는 양보도 해야합니다.
내가 경주를 더 잘하기 위해서는
중보기도도 필요하고,
복음을 전하기도 하고, 사랑을 나누어야 합니다.
내가 더 잘 가기 위해서라도
항상 옆을 보면서 가야합니다.

'둘째는 이것이니 네 이웃을 네 자신과 같이
사랑하라 하신 것이라 이보다 더 큰 계명이 없느니라'
(마가복음 12:31)

사랑은 언제나

신뢰함

사람들끼리 정해놓은 표시도
사람들은 신뢰함으로 지나갑니다.
횡단보도에서 신호가 바뀌면
안전하게 건너갑니다.

하나님의 말씀은 설 때와 갈 때를
명확하게 말씀하셨습니다.
횡단보도 보다도 더 안전하게
인생의 고비를 만나도 건너갈 수가 있습니다.
이 세상 어떤 약속보다도 하나님의 말씀은
신뢰할 수 있습니다.

오늘도 안전하게 말씀 안에서 지나가십시오.

빠져나와야 할 때

갯벌 위에서도
우리는 선택을 해야 할 때가 있습니다.
갈매기처럼 날아 오르든지
아니면 드럼통처럼 빠져 있을 수 있습니다.
가만히 있는 것이 평안한 착각을 줄 때가 있습니다.
하지만 날아오름이 힘들어도 끊임없이
선택해 나가야 합니다.
세상의 평온함 보다는
인내와 연단의 영원함을 택해야 합니다.

그리스도인은 천국의 시민입니다.
이 세상은 유한하며 일시적입니다.
세상의 안락을 추구하면 자신도 모르게 스스로
진흙탕에 머무는 것입니다.

더 영원한 하나님의 나라가 예비되어 있습니다.
늘 선택하시고 빠져나올 때가
언제나 지금임을 알아야 합니다.

'그러나 악인은 평온함을 얻지 못하고 그 물이
진흙과 더러운 것을 늘 솟구쳐 내는 요동하는
바다와 같으니라' (이사야 57:20)

보이지 않는 믿음

세상의 소식들은 우편함으로 배달되어집니다.
그래서 명확하게 눈에 보입니다.

믿음도 그렇게 눈에 보인다면 얼마나 좋겠습니까.

믿음은 바라는 것들의 실상이요
보이지 않는 것들의 증거라 했습니다.

우리의 생각이 어떠하든
기도의 응답은 지금도 주어집니다.
주님께 질문하고 싶은 수많은 이야기가
이미 성경 말씀에 답장으로 주어져 있습니다.

우리는 마음속의 감동으로, 영혼이 만족함으로
날마다 믿음으로 나아갑니다.

섬김

그리스도인은 항상 누군가를
섬기는 마음이 있어야 합니다.

우리의 본이 되신 예수님의 삶이
그러했기 때문입니다.
예수님은 목자되시고 우리는 양입니다.
양은 목자의 음성을 듣고 그 뒤를 따라갑니다.

그분이 섬김의 삶을 살았기에
우리도 말씀 안에서 순종으로 살아가야 합니다.

'인자가 온 것은 섬김을 받으려 함이 아니라 도리어 섬기려
하고 자기 목숨을 많은 사람의 대속물로 주려 함이니라'
(마가복음 10:45)

사랑은 언제나

말씀은 비상구

비상구는 언제나 필요한 곳은 아닙니다.
하지만 잊고 있다면 정작 위험을 만날 때
당황하거나 심하면 목숨을 잃을 수도 있습니다.
하나님의 말씀은 이 세상 사는 동안
비상구이기도 합니다.
말씀은 날마다 가까이 두고 보고 기억해야 합니다.

이 세상 사는동안 나의 영혼은
늘 위험에 노출되어 있습니다.
늘 말씀을 통하여
영혼을 보호 받으시기 바랍니다.

'여호와여 주의 말씀대로 주의 인자하심과
주의 구원을 내게 임하게 하소서' (시편119:41)

'나의 고난이 매우 심하오니 여호와여
주의 말씀대로 나를 살아나게 하소서' (시편119:107)

말씀 위에 걷다

믿음은 말씀 위에 서서 걷는 것입니다.

신발이 발을 편안하게 해 줍니다.
작업장에서 신는 안전화는 발이 충격을 받을 때
보호해 줍니다.

하나님의 말씀도 이처럼 우리를 영혼과 육체를
안전하게 지켜줍니다.

'나를 기가 막힐 웅덩이와 수렁에서 끌어올리시고 내 발을 반석 위에 두사 내 걸음을 견고하게 하셨도다' (시편 40:2)

'주의 의는 하나님의 산들과 같고 주의 판단은
큰 바다와 일반이라 여호와여 주는 사람과
짐승을 보호하시나이다' (시편 36:6)

늘 함께 였습니다

늘 곁에 계셨는데도 몰랐습니다.

이렇게 홀로 있어보니
그동안 혼자가 아니었음을 알겠습니다.

늘 당신은 바다였음을,
그래서 마음껏 제가 세상을 떠 다녔음을
이제야 알겠습니다.

인내하십시오

봄꽃은 혹독한 겨울을 반드시 지납니다.
때로는 피어남이 늦기도 합니다.
아무리 기다림이 절실해도 주어지는 때가 있습니다.
그렇지 않고 조급함으로 일을 행한다면 결과는
실망을 더 가져옵니다.

인내함으로 주님의 응답의 때를 기다리십시오.

'노하기를 더디 하는 자는 크게 명철하여도
마음이 조급한 자는 어리석음을 나타내느니라'
(잠언 14:29)

영혼의 사다리

사다리는 우리가 닿을 수 없는 곳을
오르기 위해 필요합니다.

천국은 사람인 우리가 오를 수 없는 곳이었습니다.
예수님은 인간을 구원하기 위해 십자가를 지심으로
영혼의 사다리가 되셨습니다.
천국을 오를 수 있는 영혼의 사다리는
바로 예수님 뿐입니다.

예수님은 구원의 사다리이며
영생의 사다리입니다.

'예수께서 이르시되 내가 곧 길이요 진리요 생명이니
나로 말미암지 않고는 아버지께로 올 자가
없느니라' (요한복음 14:6)

성령은 바람입니다

성령은 우리가 어디로 가야할 지 모를 때
방향을 일러줍니다.

우리가 힘을 잃고 멈춰있을 때
다시 나아갈 힘을 줍니다.

우리가 약해서 정지할 때
다시 돌 수 있는 힘을 줍니다.

우리가 천국에 이르도록
바르게 이끌어 주십니다.

성령은 바람같은 분이십니다.

겸손

눈사람은 해가 뜨면 녹아 없어집니다.
마치 인생이 이 세상에서 무한해 보이지만
잠시였다가 사라집니다.

그렇기에 인생은 하나님 앞에 겸손해야 합니다.
진정한 겸손은 온전히 하나님을 의지하는 것입니다.

'사람의 마음의 교만은 멸망의 선봉이요
겸손은 존귀의 길잡이니라' (잠언 18:12)

영혼의 점자

맹인들에게 점자 보도 블록은
바른 길을 알려 줍니다.
육체의 눈이 보이지 않지만
그것을 믿고 걸을 수 있습니다.

육체의 길은 자신의 눈으로도 걸어 갈 수 있습니다.
그러나 영혼의 길은 육체의 눈으로는
볼 수 없습니다.

당신의 영혼을 바르게 인도하시는
영혼의 점자 보도 블록이신 성령님께
늘 마음을 두십시오.

사랑은 언제나

간석지

간석지를 가르는 길 하나를 두고
한 쪽은 바닷물이고 다른 쪽은 민물입니다.

바닷물은 소금을 남기지만
민물은 그저 찌꺼기만 남을테지요.

우리의 삶이 어느 쪽에 젖어 사느냐에 따라
똑같은 물처럼 보이지만 결과는 전혀 다릅니다.

소금도 그 맛을 잃으면 발에 밟힐 뿐인데
찌꺼기라면 쓰레기가 될 뿐입니다.

말씀의 바닷물에 적셔져서
소금으로 남는 삶이 되었으면 합니다.

문 밖에서 기다리심

가끔은 주님이 너무 멀리 있다는
생각이 들지 않았습니까?
늘 기다리고 있는데 오시지 않는다고 말입니다.

하지만 주님은 늘 문 밖에서 기다리십니다.
억지로 문을 열고 들어오시는 것이 아니라
우리가 마음 문을 닫았기 때문에 들어오시지
못하는 것입니다.

회개라는 문 앞에서,
기도라는 문 앞에서,

우리가 문을 열기만을
간절히 기다리고 계십니다.

매일의 발걸음

오늘은 어디로 향하는 길인가요?
홀로 걸은 길인가요?
날마다 동행하길 원하시는 주님과 함께 하셨나요?

그리스도인이 주님과 함께한 날이 아니라면
그날은 어떤 삶을 살았을까요!

그리스도인은 구별된 삶입니다.
그래서 세상 사람들보다 더 힘들게 느껴집니다
하지만 주님께 붙잡힌 삶이
당신의 영혼에게는
더 자유로운 삶입니다.

기다림과 다듬어짐

원목이 선택을 받고 베어져도
바로 쓰여지지는 않습니다.
습기에 젖어지고 햇볕에 말려지는 시간이 있습니다.
그 후에도 그것은 잘라져 필요없는 부분은
버려지고 온전한 부분만 다듬어서 쓰여집니다.

하나님께 쓰임을 받음도 그러합니다.

낮게 엎드린 기다림의 시간이
다듬어지는 아픔의 시간이 필요한 것입니다.

충성

하나님 앞에서 하는 모든 일은
한결같이 소중합니다.

작은 것에 최선을 다하는 사람에게
큰 것도 맡기십니다.

'지극히 작은 것에 충성된 자는 큰 것에도
충성되고 지극히 작은 것에 불의한 자는
큰 것에도 불의하니라' (누가복음 16:10)

인생의 지도를 수정하라

세상의 지도도 새로 길이 닦여지면서
지도는 새로 쓰여집니다.

인생의 지도도 자신이 그린 지도로는
바른 길로 가지 못합니다.
늘 말씀에 비추어 자신의 지도를
수정해야 합니다.

열린 마음으로 말씀을 받아들일 때,
주님의 길로 바로 나아갈 수 있습니다.

진정한 휴식

이 세상 어디에도 일시적인 쉼은 있겠지만
진정한 안식은 예수님 뿐입니다.
온전한 평안과 쉼은 예수님과 함께 할 때입니다.

'나는 마음이 온유하고 겸손하니 나의 멍에를
메고 내게 배우라 그리하면 너희 마음이
쉼을 얻으리니' (마태복음 11:29)

영의 눈

말씀을 읽어도 사람의 눈으로만 읽는다면
사람의 생각으로 판단하게 됩니다.

성령의 감동으로 기록된 말씀은
성령의 눈으로 읽어야 합니다.
그래야 벌거벗은 나 자신의 모습을
볼 수가 있습니다.

'네가 말하기를 나는 부자라 부요하여 부족한 것이 없다 하나 네 곤고한
것과 가련한 것과 가난한 것과 눈 먼 것과 벌거벗은 것을 알지 못하는도다'
(요한계시록 3:17)

나의 손을 잡아주심

우리는 주님 앞에 늘 어린아이 같은 자입니다.
바로 걷는 것 같아도 늘 걸음이 서툴러
잘 넘어지고 잘한다고 하는데도
늘 모든 일에 실수를 합니다.
하지만 주님은 언제나 우리의 손을 놓지 않습니다.
우리가 손을 뿌리치고 달아날지라도 여전히 손을
내민 채 기다리십니다.

이 세상 사는 동안 그 손을 꼭 붙잡고 다니십시오.
그 손을 잡고 있는 동안은 결코 두려움이 없습니다.

'거기서도 주의 손이 나를 인도하시며
주의 오른손이 나를 붙드시리이다' (시편 139:10)

세월을 아낍시다

세월은 빛처럼 빨라서,
이른 아침 등교하는 소녀도
어느새 할머니의 자리에 있게 됩니다.
꽃들도 아침이면 피었다,
저녁이면 지고 맙니다.

그냥 하루를 보내기에는 너무나 귀한 시간들입니다.
하물며 주님 앞에서 그 시간은 천 년이 하루와
같습니다.

'풀은 아침에 꽃이 피어 자라다가 저녁에는
시들어 마르나이다' (시편 90:6)

가장 소중한 희생

꽃은 자신의 가장 소중한 것을 희생합니다.
꽃은 식물의 가장 아름다운 부분입니다.
그것을 아낌없이 내어줌으로 소중한 열매를
남깁니다.

그리스도인은 자신의 가장 소중한 것을 내어
놓을 수 있어야 합니다.
하나님이 예수님을 이 세상에 아낌없이
내어놓으셨던 것처럼 그리스도인도 기꺼이
자신의 모든 것을 내어 놓을 때
새로운 생명을 얻을 수 있습니다.

'사망이 한 사람으로 말미암았으니
죽은 자의 부활도 한 사람으로 말미암는도다'
(고린도전서 15:21)

사랑은 언제나

아는 것과 행하는 것

눈으로 본다고 길을 아는 것이 아닙니다.
밖을 보면서도 유리창에 갇힌 나비처럼
하나님의 말씀을 알고 있다고
진리에 이른 것이 아닙니다.
그 말씀대로 살아가고 있을 때,
그 말씀은 살아있는 진리가 되는 것입니다.

나는 죽고 주님이 사는 삶

그리스도인의 삶의 그 끝은 모기향처럼
다 타고 남은 재가 되어야 합니다.

육체는 사그라들어도 그 영혼이
온전히 희생 제물로 내어줄 수 있어야 합니다.

내가 죽어야 누군가에게 유익이 될 것입니다.
내가 죽고 주님이 사는 삶입니다.

그리스도인의 열매

지금 나 자신은 어떤 열매를 맺고 있는지
살펴보아야 합니다.
또한 같은 열매라도 보기에도 다르고 먹어보면 맛도 다릅니다.
세상이 즐기는 열매가 아닌 하나님이 거두시기에 기뻐하시는
열매를 맺으십시오.

'나무는 각각 그 열매로 아나니 가시나무에서 무화과를, 또는 찔레에서
포도를 따지 못하느니라' (누가복음 6:44)

지휘자이신 하나님

지휘자는 소리를 내지 않고도
아름다운 화음을 만들어냅니다.

하나님은 모든 인생들의 지휘자이십니다.
우리가 마음대로 소리를 내면 불협화음이 되겠지만
하나님의 말씀에 따라 연주된다면
세상은 더 아름다운 소리로 가득할 것입니다.

변치 않으시는 사랑

노단새라는 꽃은 생화일 때와 마른 꽃일 때도
빛깔이나 모양이 그대로입니다.
대부분 모든 꽃은 마르면 빛깔이 퇴색되고
모양이 뒤틀려집니다.
하지만 노단새는 변함없는 그 자태 때문에
사랑받습니다.

이처럼 변함없이 인간을 사랑하시는 분은
하나님이십니다.
창세부터 세상 끝날까지 변함없이
인생을 사랑하십니다.

예수를 품으십시오

옥상의 많은 상자속에
여러가지 새싹이 자라고 있습니다.
무엇이 자라는지는 더 커야만 알 수 있습니다.

당신의 마음속에는 무엇이 자라고 있습니까?
그리스도인에게는 예수의 새싹이 자라야 합니다.
예수님만이 길이요 생명이기 때문입니다.
예수님이면 충분하고 부족함이 없습니다.

'너희 안에 이 마음을 품으라 곧 그리스도 예수의 마음이니'
(빌립보서 2:5)

세상과의 분리

때로는 하나님께서 우리가 하고 싶은 것을
금지 하십니다.
우리가 가고 싶은 곳에 가지 못하게 하십니다.
하고 싶기도 하고 때로는 불편하지만
그것이 유익이 됩니다.

하나님은 언제나 자녀들에게
가장 좋은 것을 주시기 원하십니다.
우리를 막고 분리 시키심은
바로 사랑의 마음이십니다.

시간이 지난 후 그것은 더 명백하게 드러납니다.
그것은 바로 은혜요 사랑이었음을 알게 됩니다.

진정한 빛

빛이신 주님 앞이라면
우리는 Filp Flap처럼
생명을 얻어 움직일 수가 있습니다.
오직 세상의 진정한 빛은
주님 한 분 밖에 없기 때문입니다.

* Filp Flap: 빛에너지로 움직이는 장난감

길

아무리 느리게 나아가도
가는 방향이 바르고
예수님만 따라간다면
그곳은 천국을 향하는 길입니다.

나보다 남을 낫게 여김

찔레는 찔레의 이름으로
장미는 장미라는 이름으로
아름다움을 갖고 있습니다.

만약 혼자만 최고라고 생각했다면
이토록 어우러진 빛깔의 아름다움을
볼 수가 없을 겁니다.

하나님은 각자가 지닌 아름다움을 주셨습니다.
제 빛깔을 제 자리에서 나타내며
남을 인정해 줄 때
더불어 자신도 더 아름답게 빛나는 법입니다.

주님만 바라보면

캄캄하고 막막한 바다 가운데서도
주님을 찾는다면
결코 낭패를 당하지 않습니다.

등대며 빛이신 주님이 인도해 주실 것이기
때문입니다.

주님을 부르며 나아갈 때
어떤 상황에서도 갈 길을 보여 주실 것입니다.

'그리하면 네 빛이 아침같이 비췰 것이며
네 치료가 급속할 것이며
네 의가 네 앞에 행하고 여호와의 영광이
네 뒤에 호위하리니' (이사야 58:8)

흔적

이렇게 부드러운 모래밭에도
작은 새의 발자국이 남습니다.

바람이 지나간 흔적도 선명히 보입니다.

하물며 사람이 지나간 자리에는
얼마나 많은 흔적이 있을까요?

하나님 앞에 섰을 때
그 흔적에 대해 이야기 하겠지요.

예수님의 십자가의 흔적처럼
우리도 그런 섬김의 흔적을 남기는 삶이 된다면
하나님이 참 기뻐하실 겁니다.

그리스도인의 빛깔

자연의 빛깔이 정직하게 보이는 것처럼
그리스도인에게도 구별된 빛깔이 있습니다.
영혼의 빛깔은 바로 보이지 않지만
겉으로 드러난 모습이
그리스도인의 빛깔로 나타납니다.

소금의 맛은 혀끝으로 확인이 됩니다.
그러나 빛깔은 눈으로 보입니다.
자연이 보여주는 빛깔이 아름답듯이
그리스도인의 진정한 빛깔은
사람에게도 하나님에게도 아름답게 보입니다.

일방통행

인생은 누구나 죽음이라는
일방통행을 향하여 가고 있다.
그 종착지는 어디일까?
성경은 그 곳을 확실히 밝혀준다.

'내가 곧 길이요 진리요 생명이니 나로 말미암지
않고는 아버지께로 올 자가 없느니라'
(요한복음14:6)

아버지가 계신 곳은 어디인가.
바로 그곳은 천국이라 말한다.
일방통행의 끝은 너무나 분명하다.
영원한 지옥과 천국.
그대는 어떤 일방통행의 길을 가고 있는가.
일방통행은 되돌아 나갈 수 없다.
잘못된 길이라면 그 끝이 다다르기 전에
다른 길을 선택해야만 한다.

당신은 지금 어떤 길을 향하여 가고 있는가?

에필로그

CTS-TV에서 사진묵상 필진을 모집한다는
소식을 듣고 응모를 한지가 엊그제 같은데 벌써
몇 년이 흘렀습니다.

한 편을 쓸 때마다 저의 글재주가 아닌 제 안에
계신 성령님의 도우심이 있었기에 마무리
할 수가 있었습니다.
저의 생각이 아닌 그 분의 생각을 대언했을 뿐입니다.
그러기에 이 묵상집은 저의 것이 아닌 온전히
그 분이 만들어주신 책입니다.

저는 그저 받은 달란트를
최선을 다해 돌려 드리려 했을 뿐입니다.
부족한 자가 쓰임을 받은 것만으로도
감사를 드립니다.

이 묵상집을 읽고 단 한 사람이라도
그 분의 목소리를 듣게 된다면 감사할 일입니다.
더 나아가 하나님을 몰랐던 사람이 이 묵상집을 통해
구원자이신 예수님을 만난다면 그건 정말 하나님이
이 책을 만들게 하신 뜻을 이루게 되는 것입니다.

저의 남은 생애도 늘 주님과 동행하며
받은 달란트를 더 열심히 남겨야겠습니다.

이 묵상집의 표지를 기꺼이 캘리그라피 글씨와
그림으로 완성 시켜주시고 추천사를 써주신
이화선 작가님과 멋진 편집으로 수고하신 이소정 기획실장님,
추천사를 써주신 장일암 사진작가님,
CTS 지로드코리아 김성목 팀장님께 감사를 드립니다.
늘 뒤에서 기도로 응원해 주시는 모든 분들께도 감사를 전합니다.

2014년 2월 임창연